I0178201
www.ingramcontent.com/pod-product-compliance
Lightning Source LLC
Chambersburg PA
CBHW042134070426
42452CB00047B/27
9781939099143

منتخب دوبیتی های

بابا طاهر عریان همدانی

Bahar Books

www.baharbooks.com

This book remains the property of the publisher and copyright holder, Bahar Books, LLC.
All rights reserved under International Copyright Conventions.
No part of this book may be used, distributed or reproduced in any forms or by any means
without the prior written permission of the publisher.

ISBN-10: 1939099145

ISBN-13: 978-1939099143

Copyright © 2013 by Bahar Books, LLC.

Published by Bahar Books, White Plains, New York

منتخب دوبیتی های

بابا طاهر عریان همدانی

ببندم شال و می پوشم قدک را

بنازم گردش چرخ و فلک را

بگردم آب دریاها سراسر

بشویم هر دو دست بی نمک را

من آن رندم که گیرم از شهان باج

بپوشم جوشن و بر سر نهم تاج

فرو ناید سر مردان به نامرد

اگر دارم کشند مانند حلاج

اگر زرین کلاهی عاقبت هیچ

اگر خود پادشاهی عاقبت هیچ

اگر ملک سلیمانت ببخشند

در آخر خاک راهی عاقبت هیچ

تو که ناخوانده‌ای علم سماوات

تو که نابرده‌ای ره در خرابات

تو که سود و زیان خود ندانی

به یاران کی رسی هیهات هیهات

شب تاریک و سنگستان و مو مست

قدح از دست مو افتاد و نشکست

نگهدارنده اش نیکو نگهداشت

وگرنه صد قدح نفتاده بشکست

بود درد مو و درمانم از دوست

بود وصل مو و هجرانم از دوست

اگر قصّابم از تن واکره پوست

جدا هرگز نگردد جانم از دوست

محبت آتشی در جانم افروخت

که تا دامان محشر بایدم سوخت

عجب پیراهنی بهرم بریدی

که خیاط اجل می بایدش دوخت

اگر دل دلبر و دلبر کدام است

وگر دلبر دل و دل را چه نام است

دل و دلبر به هم آمیته وینم

ندونم دل که و دلبر کدام است

به دوری از برم دل در برم نیست

هوای دیگری اندر سرم نیست

به جان دلبرم کز هر دو عالم

تمنای دگر جز دلبرم نیست

سیاهی دو چشمانت مرا کشت

درازی دو زلفانت مرا کشت

به قتلم حاجت تیر و کمان نیست

خم ابرو و مژگانت مرا کشت

دلی دیرم خریدار محبّت

کز و گرم است بازار محبّت

لباسی دوختم بر قامت دل

ز پود محنت و تار محبّت

نمی دونم دلم دیوانه کیست

کجا می گردد و در خانه کیست

نمی دونم دل سرگشته مو

اسیر نرگس مستانه کیست

ز دست دیده و دل هر دو فریاد

که هر چه دیده بیند دل کند یاد

بسازم خنجری نیشش ز فولاد

زنم بر دیده تا دل گردد آزاد

یکی درد و یکی درمان پسندد

یکی وصل و یکی سامان پسندد

من از درمان و درد و وصل و هجران

پسندم آنچه را جانان پسندد

غم عشقت بیابان پرورم کرد

فراقت مرغ بی بال و پرم کرد

به من گفتی صبوری کن صبوری

صبوری طرفه خاکی بر سرم کرد

دل عاشق به پیغامی بسازد

خمار آلوده با جامی بسازد

مرا کیفیت چشم تو کافیست

ریاضت کش به بادامی بسازد

خوشا آنان که سودای ته دیرند
که سر پیوسته در پای ته دیرند
به دل دیرم تمنای کسانی
که اندر دل تمنای ته دیرند

جدا از رویت ای ماه دل افروز

نه روز از شو شناسم نه شو از روز

وصالت گر مرا گردد میسّر

همه روزم شود چون عید نوروز

خداوندا به فریاد دلم رس

تو یار بی کسان مو مانده بی کس

همه گویند طاهر کس نداره

خدا یار مونه، چه حاجت کس

گلی که خوم بدادم پیچ و تابش

به اشک دیدگانم دادم آبش

به درگاه الهی کی روابی

گل از مو دیگری گیره گلابش

خدایا داد از این دل، داد از این دل

نگشتم یک زمان من شاد از این دل

چو فردا دادخواهان داد خواهند

برآرم من دوصد فریاد از این دل

به صحرا بنگرم صحرا ته وینم

به دریا بنگرم دریا ته وینم

به هر جا بنگرم کوه و در و دشت

نشان از روی زیبای ته وینم

غم عشق تو مادرزاد دیرم

نه از آموزش استاد دیرم

بدان شادم که از یمن غم تو

خراب آباد دل آباد دیرم

قلم بتراشم از هر استخوانم

مرکب گیرم از خون رگانم

بگیرم کاغذی از پرده دل

نویسم بهر یار مهربانم

مو آن آزرده بی خانمانم

مو آن محنت نصیب سخت جانم

مو آن سرگشته خارم در بیابون

که هر بادی وزد هر سو دوانم

مو که مست از می انگور باشم

چرا از نازنینم دور باشم

مو که از آتشت گرمی نبینم

چرا از دود محنت کور باشم

نمی‌دونم که سرگردان چرایم

گهی نالان گهی گریان چرایم

همه دردی به دوران یافت درمان

ندونم موکه بی‌درمان چرایم

مو که آشفته حالم چون ننالم

شکسته پرو بالم چون ننالم

همه گویند فلانی چند نالی

تو آیی در خیالم چون ننالم

دو زلفونت بود تار ربابم

چه می خواهی ازین حال خرابم

ته که با مو سر یاری نداری

چرا هر نیمه شو آیی بخوابم

الهی سوز عشقت بیشتر کن

دل ریشم ز دردت ریشتر کن

ازین غم گر دمی فارغ نشینم

به جانم صد هزاران نیشتر کن

اگر دستم رسد بر چرخ گردون

از او پرسم که این چین است و آن چون

یکی را می دهی صد ناز و نعمت

یکی را نان جو آلوده در خون

نسیمی کز بن آن کاکل آیو

مرا خوشتر ز بوی سنبل آیو

چو شو گیرم خیالش را در آغوش

سحر از بسترم بوی گل آیو

دلی دیرم چو مرغ پاشکسته

چو کشتی بر لب دریا نشسته

همه گویند طاهر تار بنواز

صدا چون می دهد تار شکسته

غم عشقت ز گنج رایگان به

وصال تو ز عمر جاودان به

کفی از خاک کویت در حقیقت

خدا دونه که از ملک جهان به

درخت غم به جانم کرده ریشه

به درگاه خدا نالم همیشه

رفیقان قدر یکدیگر بدانید

اجل سنگ است و آدم مثل شیشه

عزیزان از غم و درد جدایی

به چشمانم نمانده روشنایی

به درد غربت و هجرم گرفتار

نه یار و همدمی نه آشنایی

دو چشمونت پیاله پر ز می بی

دو زلفونت خراج ملک ری بی

همی وعده کری امروز و فردا

ندونم مو که فردای توکی بی